28.
MAI

DAS IST DEIN TAG

DEIN STAMMBAUM

Urgroßvater

Urgroßmutter

Urgroßvater

Urgroßmutter

Großmutter

Großvater

VORNAME UND NAME:

....

GEBOREN AM:

....

UHRZEIT:

....

GEWICHT UND GRÖSSE:

....

STADT:

....

LAND:

....

Mutter

Ich

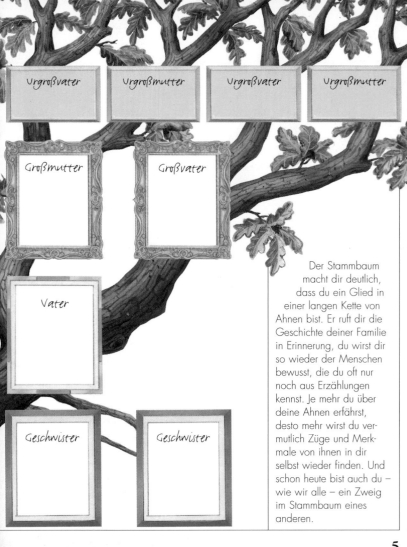

Urgroßvater

Urgroßmutter

Urgroßvater

Urgroßmutter

Großmutter

Großvater

Vater

Geschwister

Geschwister

Der Stammbaum macht dir deutlich, dass du ein Glied in einer langen Kette von Ahnen bist. Er ruft dir die Geschichte deiner Familie in Erinnerung, du wirst dir so wieder der Menschen bewusst, die du oft nur noch aus Erzählungen kennst. Je mehr du über deine Ahnen erfährst, desto mehr wirst du vermutlich Züge und Merkmale von ihnen in dir selbst wieder finden. Und schon heute bist auch du – wie wir alle – ein Zweig im Stammbaum eines anderen.

5

Was wären wir ohne unseren Kalender

Was wären wir ohne unseren Kalender, in dem wir Geburtstage, Termine und Feiertage notieren? Julius Cäsar führte 46 v. Chr. den Julianischen Kalender ein, der sich allein nach dem Sonnenjahr richtete. Aber Cäsar geriet das Jahr ein wenig zu kurz, und um 1600 musste eine Abweichung von zehn Tagen vom Sonnenjahr konstatiert werden. Der daraufhin von Papst Gregor XII. entwickelte Gregorianische Kalender ist zuverlässiger. Erst nach 3.000 Jahren weicht er um einen Tag ab. In Europa setzte er sich jedoch nur allmählich durch. Russland führte ihn zum Beispiel erst 1918 ein, deshalb gibt es für den Geburtstag Peters des Großen zwei verschiedene Daten.

Die Zyklen von Sonne und Mond sind unterschiedlich. Manche Kulturen folgen in ihrer Zeitrechnung und damit in ihrem Kalender dem Mond, andere der Sonne. Gemeinsam ist allen Kalendern, dass sie uns an die vergehende Zeit erinnern, ohne die es natürlich auch keinen Geburtstag gäbe.

Die Erde dreht sich von West nach Ost innerhalb von 24 Stunden einmal um ihre Achse und umkreist als der dritte von neun Planeten die Sonne. All diese Planeten zusammen bilden unser Sonnensystem. Die Sonne selbst ist ein brennender Ball aus gigantisch heißen Gasen, im Durchmesser mehr als 100-mal größer als die Erde. Doch die Sonne ist nur einer unter aberhundert Millionen Sternen, die unsere Milchstraße bilden; zufällig ist sie der Stern, der unserer Erde am nächsten liegt. Der Mond braucht für eine Erdumrundung etwa 28 Tage, was einem Mondmonat entspricht. Und die Erde wiederum dreht sich in 365 Tagen und sechs Stunden, etwas mehr als einem Jahr, um die Sonne. Das Sonnenjahr teilt sich in zwölf Monate und elf Tage, weshalb einige Monate zum Ausgleich 31 statt 30 Tage haben.

Die Erdhalbkugeln haben konträre Jahreszeiten.

Die Sonne, der Mond und die Planeten folgen festen Himmelsbahnen, die sie immer wieder an zwölf unveränderten Sternbildern vorbeiführen. Ein vollständiger Umlauf wird in 360 Gradschritte unterteilt. Die Sonne befindet sich etwa einen Monat in jeweils einem dieser Zeichen, was einem Abschnitt von 30 Grad entspricht. Da die meisten dieser Sternkonstellationen von alters her Tiernamen erhielten, wurde dieser regelmäßige Zyklus auch Zodiakus oder Tierkreis genannt.

Schon früh beobachteten die Menschen, dass bestimmte Sterne ganz speziell geformte, unveränderliche Gruppen bilden. Diesen Sternbildern gaben sie Namen aus dem Tierreich oder aus der Mythologie. So entstanden unsere heutigen Tierkreiszeichen, die sich in 4.000 Jahren kaum verändert haben. Die festen Himmelsmarken waren von großem praktischen Wert: Sie dienten den Seefahrern zur Navigation. Zugleich beflügelten sie aber auch die Phantasie. Die Astrologen gingen davon aus, dass die Sterne, zusammen mit dem Mond, unser Leben stark beeinflussen, und nutzten die Tierkreiszeichen zur Deutung von Schicksal und Charakter eines Menschen.

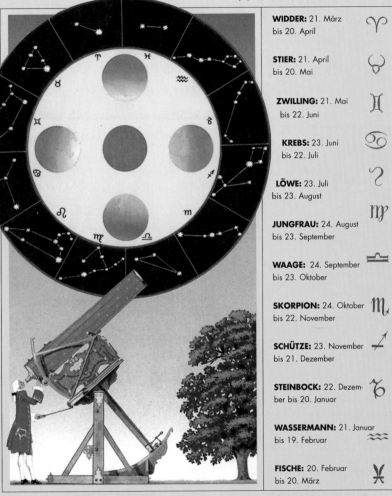

WIDDER: 21. März bis 20. April

STIER: 21. April bis 20. Mai

ZWILLING: 21. Mai bis 22. Juni

KREBS: 23. Juni bis 22. Juli

LÖWE: 23. Juli bis 23. August

JUNGFRAU: 24. August bis 23. September

WAAGE: 24. September bis 23. Oktober

SKORPION: 24. Oktober bis 22. November

SCHÜTZE: 23. November bis 21. Dezember

STEINBOCK: 22. Dezember bis 20. Januar

WASSERMANN: 21. Januar bis 19. Februar

FISCHE: 20. Februar bis 20. März

Den Tierkreiszeichen werden jeweils bestimmte Planeten zugeordnet: Dem Steinbock ist der Planet Saturn, dem Wassermann Uranus, den Fischen Neptun, dem Widder Mars, dem Stier Venus und dem Zwilling Merkur zugeordnet; der Planet des Krebses ist der Mond, für den Löwen ist es die Sonne. Manche Planeten sind auch mehreren Tierkreiszeichen zugeordnet. So ist der Planet der Jungfrau wie der des Zwillings Merkur. Der Planet der Waage ist wie bereits beim Stier Venus. Die Tierkreiszeichen Skorpion und Schütze haben in Pluto und Jupiter ihren jeweiligen Planeten.

D er Mond wandert in etwa einem Monat durch alle zwölf Tierkreiszeichen. Das heißt, dass er sich in jedem Zeichen zwei bis drei Tage aufhält. Er gibt dadurch den Tagen eine besondere Färbung, die du als Zwilling anders empfindest als andere Sternzeichen.

In welchem Zeichen der Mond heute steht, erfährst du aus jedem gängigen Mondkalender. An einem **Widder**-Tag sollte man Diskussionen mit dem Zwilling eher aus dem Weg gehen: Er redet jeden in Grund und Boden. Steht der Mond im **Stier**, hat der Zwilling die besten Ideen, wie er aus seinem großen Wissen Kapital schlagen kann.

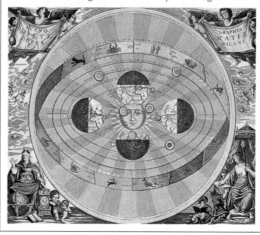

Der Mond im **Zwilling** kann zu heftigsten inneren Kämpfen führen: Wofür soll sich der Zwilling denn bloß entscheiden? Wenn Zwillinge, die es ständig in die große weite Welt treibt, ein Familientreffen anberaumen, steht der Mond im **Krebs**. Steht er im **Löwen**, dann schafft es der Zwilling, aus einer ganz kleinen Sache die größte Geschichte seines Lebens zu basteln. Versuche nie, einem Zwilling an einem **Jungfrau**-Tag ein X für ein U vorzumachen! An **Waage**-Tagen sind dem Zwilling sogar Liebeserklärungen zu entlocken. Steht der Mond im **Skorpion**, dann setzt der Zwilling schon mal seine Macht und nicht nur seinen Charme ein. Ist eine große Geste angesagt, so sollte der Zwilling dafür einen **Schütze**-Tag wählen. An diesem Tag kann er idealistisch statt realistisch sein. Ein **Steinbock**-Tag ist ideal für einen Zwilling, um sich mit seinen Rechnungen auseinander zu setzen, ohne sofort zu verzweifeln. Wenn der Mond im **Wassermann** steht, dann holt sich der Zwilling gerne blaue Flecken, weil er mal wieder drei Dinge zugleich erledigen will. Der Mond im **Fisch** verleiht dem Zwilling sehr viel Phantasie, Sensibilität und Intuition, zumindest wenn alle seine Kanäle auf Empfang geschaltet sind.

Unser Sonnensystem mit den neun Planeten

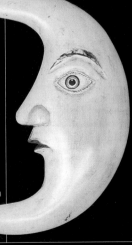

Zwillinge hassen Langeweile. Bewegung und Veränderungen sind lebenswichtig für sie. Sie lieben Schwierigkeiten, weil diese meist Abenteuer bedeuten, und laufen vor allem dann zu Hochform auf, wenn sie zu einer Gruppe gehören. Gleichzeitig brauchen sie

Kastor und Pollux waren die Kinder von Leda und dem Gott Zeus; in ihren Persönlichkeiten spiegelt sich die Dualität von Zwillingen wider. Der beherrschende Planet der

ZWILLINGE

Zwillinge ist Merkur, der in der griechischen und römischen Mythologie der geflügelte Götterbote war. Jedes Tierkreiszeichen wird in drei Dekaden mit jeweils eigenen Charakteristika eingeteilt. Die erste Zwillingsdekade reicht vom 21.5. bis 1.6., die zweite vom 2.6. bis 11.6. und die dritte vom 12.6. bis 22.6. Allen Zwillingen ist gemeinsam, dass sie sehr neugierig und meistens interessierte und einfühlsame Gesprächspartner sind.

aber sehr viel Freiraum. Sie können hervorragend mit Worten umgehen, ihre Spontaneität und ihr natürlicher Humor wirken sehr ansteckend.

Mit Zwillingen langweilt man sich daher nie. Natürlich haben sie aber auch ihre negativen Seiten: Es fehlt ihnen oft an Konzentrationsfähigkeit und Ausdauer, und sie neigen dazu, sich zu verzetteln. Den einzelnen Tierkreiszeichen sind bestimmte Dinge zugeordnet, die als ihre Glücksbringer gelten. So ist die Farbe der Zwillinge Anisgrün, ihre Edelsteine sind der Achat und der Goldtopas, ihre Tiere der Papagei und der Affe, ihre Pflanze ist der Wiesenkerbel, ihr Baum der Holunder. Als Glückstag der Zwillinge gilt der Mittwoch.

13

Wer schon einmal eine Wasserspinne dabei beobachtet hat, wie sie in wilder Hast auf der Oberfläche eines ruhigen Teichs hin und her schießt, kann verstehen, welch rastlose Aktivität die in der ersten

wurde ebenso in der ersten Zwillingsdekade geboren wie zwei wichtige Männer der Französischen Revolution, **Jean Paul Marat** und **Joseph-Ignace Guillotin**. Marat (24. Mai 1743) war Politiker, Arzt, Publizist und beim Volk so beliebt, dass nach seinem Tod 21 französische Städte nach ihm benannt wurden. Guillotin (28. Mai 1738 a. St., Abb. re. o.) setzte sich für humanere Hinrichtungen durch eine Maschine, die Guillotine, ein.

Zwillingsdekade Geborenen erfüllt. Sie schalten schnell und sind typische Harlekine.

Zar **Peter der Große** (30. Mai 1672 a. St.), der Erbauer von Sankt Petersburg, einer der schönsten Städte der Welt,

In Großbritannien brachte **Königin Viktoria** (24. Mai 1819) das Kunststück fertig, über 60 Jahre lang ohne auch nur den Hauch eines Skandals oder gar einer Revolution zu regieren.

Die beiden weltbekannten britischen Figuren Sherlock Holmes und James Bond wurden von **Arthur Conan Doyle** (22. Mai 1859) und **Ian Fleming** (28. Mai 1908) erschaffen.

Auch aus der Musik sind einige Männer zu nennen, die auf ihrem Gebiet Weltruhm erlangten: der Komponist **Richard Wagner** (22. Mai 1813, Abb. li.), der der Oper durch seinen dramatischen Stil zu neuem

lung des Jazz seit den vierziger Jahren entscheidend beeinflusst hat; und schließlich **Bob Dylan** (24. Mai 1941, Abb. li.), der Rockmusiker, der als Protestsänger der Sechziger anfing und mit seinen Texten eine ganze Generation in seinen Bann zog.

Im Bereich des Sports sind zwei Männer zu nennen: der talentierte französische Fußballer **Eric Cantona** (24. Mai 1966), und der Schachgroßmeister **Anatoli Karpow** (23. Mai 1951, Abb. li. u.), der der beste Schachspieler seiner Generation ist.

Außerdem wurden gleich vier amerikanische Idole in der ersten Zwillingsdekade geboren: der Filmschauspieler **John Wayne** (26. Mai 1907), der das Bild des starken, schweigsamen Cowboys meisterhaft verkörperte; der »echte« Cowboy **Wild Bill Hickok** (27. Mai 1837), **Marilyn Monroe** (1. Juni 1926) und **John F. Kennedy** (29. Mai 1917), der der jungen Generation neue Hoffnung gab.

Schließlich sind für diese Dekade noch zwei bedeutende Schriftsteller zu erwähnen: der Amerikaner **Ralph Waldo Emerson** (25. Mai 1803) und der Russe **Alexander Puschkin** (26. Mai 1799 a. St.).

Aufschwung verhalf und dessen »Ring-Zyklus« als ein Meilenstein der Musikgeschichte gilt; der Jazztrompeter und Bandleader **Miles Davis** (25. Mai 1926), der die Entwick-

КАРПОВ

Gleich der erste Bondkrimi von Ian Fleming, *Casino Royale*, fand großen Anklang bei der Leserschaft. Seinen Helden soll Fleming nach dem Autoren eines Vogelbuchs

benannt haben, das er während des Schreibens des ersten Krimis las. Kurz vor der Jahrtausendwende wirken die

Produkte aus den fünfziger und sechziger Jahren (als die Bondbücher erstmals erschienen) manchmal jedoch etwas antiquiert. Und ebenso ist es mitunter auch mit Agent 007. Damals machten seine Abenteuer – eine Mischung aus guten, altmodischen Kriminalgeschichten, bewusster Exotik und Bonds ständigem Kampf gegen

Am 28. Mai 1908 wurde der Brite Ian Fleming geboren, der geistige Vater von James Bond, dem wohl berühmtesten Geheimagenten der Welt. Flemings beruflicher Werdegang war die ideale Voraussetzung für einen Kriminalautor: Er hatte zunächst in Moskau für eine Presseagentur gearbeitet, im Zweiten Weltkrieg dann für den britischen Nachrichtendienst und hiernach für die Zeitung *Sunday Times*.

bizarre internationale Verschwörungen, die mit einer guten Prise Humor gewürzt waren – Ian Fleming zu einem sehr reichen Mann mit Besitz auf Jamaika, wo er sich später auch niederließ. Im Jahr 1964 kam James Bond dann in die Kinos. Die Titelrolle spielte Sean Connery, dem später Roger Moore und andere Darsteller folgten.

17

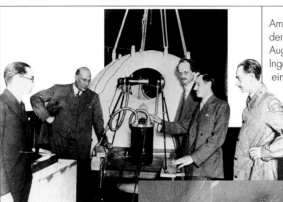

Am 28. Mai 1931 stieg der Schweizer Professor Auguste Piccard mit dem Ingenieur Paul Kipfer auf einem **Stratosphären-ballonflug** in eine Rekordhöhe von 15.781 Metern auf (Abb. li.). Die beiden Männer befanden sich in einer eigens dafür kon-

Heute im Jahr 1849 starb die englische Dichterin **Anne Brontë**. Sie war die Schwester von Charlotte und Emily Jane Brontë, die beide ebenfalls mit Gedichten und Romanen zu literarischem Ruhm gelangten. Anne Brontë

wurde vor allem durch ihre Romane »The Tenant of Wildfield Hall« und »Agnes Grey« bekannt. Mit letzterem verarbeitete sie gleichzeitig ihre unglückliche Zeit als Gouvernante bei den Robinsons in Thorpe Green Hall bei York.

struierten Druckkabine aus Aluminium, die sie gegen die eisige Kälte schützte. Sie starteten in Augsburg und landeten in Tirol auf dem Gurglferner.
In der Nacht zum 28. Mai 1905 – ein Jahr nach Ausbruch des russisch-japanischen Krieges – wurde in

der **Seeschlacht von Tsushima** fast die gesamte russische Baltikumflotte zerstört (Abb. S.18 Mitte.). Die russischen Kriegsschiffe waren um das Kap der Guten Hoffnung bis in die Straße von Korea gelangt, dort hatten ihnen die Japaner jedoch den Weg versperrt.

Mit dieser gewonnenen Schlacht konnte Japan den Krieg endgültig zu seinen Gunsten entscheiden, während in einigen Häfen Russlands die Matrosen zu meutern begannen. Der russisch-japanische Krieg endete schließlich offiziell am 5. September unter Vermittlung des US-Präsidenten Theodore Roosevelt mit dem Friedensvertrag von Portsmouth.

Seit dem 28. Mai 1958 konnte endlich auch in der damaligen **DDR ohne Lebensmittelkarten** eingekauft werden. Die Lebensmittelrationierung war damit zwar abgeschafft worden, doch viele Produkte für den täglichen Bedarf waren noch sehr teuer (ohne Abb.).

Heute im Jahr 1987 landete der erst 19-jährige **Mathias Rust** mit einem kleinen Flugzeug mitten auf dem Roten Platz in Moskau. Er war in Helsinki gestartet und hatte den sowjetischen Luftraum ungestört 800 Kilometer weit durchflogen (ohne Abb.).

Am heutigen Tag des Jahres 1871 wurde in Paris mit dem Sturz der Kommuneherrschaft die so genannte **Blutwoche** beendet. Erst im März desselben Jahres war die Kommune von mehreren linken Gruppierungen gegründet worden und hatte sich zum Ziel gesetzt, Frankreich zu einem sozialistischen Land zu machen. Bei den Auseinandersetzungen während der Blutwoche kam es zu unvorstellbaren Grausamkeiten. Mehr als 20.000 Kommunarden kamen ums Leben.

Edisons robuster Akkumulator fand sehr rasch vielfache Verwendung. So lieferte er beispielsweise den Strom für Grubenlampen und sorgte später sogar für den Antrieb von U-Booten. Ab 1900 galt Edisons Hauptinteresse der Entwicklung von Stromspeichern, die eines Tages in der Lage wären, das Automobil anzutreiben. Ironischerweise war es einer seiner früheren Ingenieure – Henry Ford –, dem es gelang, dem benzinbetriebenen Kraftfahrzeug zum Siegeszug zu verhelfen.

Am 28. Mai 1909 konnte der amerikanische Erfinder Thomas Alva Edison nach fast zehnjähriger Arbeit und einem Kostenaufwand von einer Million Dollar der Öffentlichkeit die Weiterentwicklung seines Eisen-Nickel-Akkumulators präsentieren, der der bis dahin gebräuchlichen Bleibatterie in mehrfacher Hinsicht weit überlegen war: Er war leichter, konnte schnell wieder aufgeladen werden und hatte vor allen Dingen eine wesentlich höhere Speicherkapazität.

Ein Team von etwa 90 Wissenschaftlern aus der ganzen Welt führte Tausende von Versuchen durch; doch der entscheidende Durchbruch ließ zunächst noch auf sich warten. Schließlich aber waren die Arbeiten an Edisons Akkumulator so weit fortgeschritten, dass der geniale Tüftler für die Herstellung seiner Akkumulatoren rund 450 Arbeiter beschäftigen konnte.

Thomas Alva Edison hatte sich vor der Entwicklung seines Akkumulators bereits durch zahlreiche Erfindungen – unter anderem des Phonographen (1877), der Kohlefadenglühlampe (1879) und eines Filmaufnahmegeräts (1879) – einen Namen gemacht. 1882 nahm er in New York das erste öffentliche Elektrizitätswerk der Welt in Betrieb. Insgesamt besaß er rund 1.000 Patente.

Jeden Monat – manchmal sogar jeden Tag – werden große oder kleine Dinge erfunden, die unser tägliches Leben verändern. Auch der Mai bildet da keine Ausnahme…

Am 18. Mai 1831 wurde erstmals eine Grasfläche mit einem **Rasenmäher** gestutzt. Der Engländer Edwin Budding pries seine neue Erfindung mit folgenden Worten an: »Herren, die auf dem Land leben, wird dieses Gerät eine unterhaltsame und nützliche körperliche Ertüchtigung verschaffen!« Die Idee zu seiner Erfindung war Budding gekommen, als er in einer Textilfabrik eine rotierende Maschine sah, die Stoff zurechtschnitt. Der erste namentlich bekannte Käufer eines Rasenmähers war ein gewisser Curtis, der Obergärtner des Zoos im Londoner Regent's Park.

Er erstand seinen Rasenmäher im Jahr 1831 für zehn Guineen.

Der Franzose Georges Méliès, ein ehemaliger Zauberer, der ins Filmgeschäft eingestiegen war, brachte am 2. Mai des Jahres 1905 »Die Reise zum Mond« heraus, den ersten **Sciencefictionfilm** der Welt. Der Film, eine Mischung aus

phantastischen Elementen und Varietéslapstick, dauerte nur 13 Minuten und machte Méliès weltbekannt. Er erzählte

– frei nach einem Roman des französischen Schriftstellers Jules Verne – die Geschichte von fünf Wissenschaftlern, die in einer riesigen Muschel zum Mond reisen und dort von Außerirdischen gefangen genommen werden. Am 13. Mai 1639 führte der französische Kardinal

Armand de Richelieu die **Gabel** als Teil des Essbestecks ein. Davor hatte man mit dem Löffel oder den Händen gegessen und teilweise auch Messer benutzt (oder scharf geschliffene Dolche).
Ein weiterer wichtiger Bestandteil unseres täglichen Lebens, die **Zahnpastatube**, wurde von dem britischen Zahnarzt Dr. Sheffield erfunden und am 22. Mai des Jahres 1892 auf den Markt gebracht.
Auch viele andere bekannte Erfindungen kamen im Mai heraus: Am 11. Mai 1947 beispielsweise der **schlauchlose Reifen**, am 23. Mai 1785 die **Zweistärken-** oder **Bifokalgläser**. Deren Erfinder war der große amerikanische Staatsmann Benjamin Franklin, der auch den Blitzableiter erfand.

Zweimal im Jahr machen sich die Schwalben auf ihre weite Reise: Im Herbst fliegen sie in den warmen Süden Afrikas, um im Frühling den langen Weg zurück nach Europa anzutreten. Schwalben haben einen langen, gegabelten Schwanz und sehr große Flügel. Sie sind hervorragende Flugkünstler. Ihr Federkleid ist blau- bis schwarzglänzend.

Die Obstbäume blühen, der Frühling steht vor der Tür – eine Zeit des kraftvollen Neubeginns in der Natur. Die Rückkehr der Schwalbe gilt weltweit als sicherster Vorbote wärmeren Wetters.

24

Die japanische Zierkirsche gehört inzwischen auch in unseren Breiten zum Bild des Frühlings. Der Baum stammt ursprünglich aus China und spielt dort als Symbol nationaler Identität eine wichtige Rolle. Auch als Bildmotiv ist der Baum allgegenwärtig, so zum Beispiel auf der oben abgebildeten Spielkarte.

Im Frühling fliegen die Bienen und andere Insekten von Blüte zu Blüte, saugen deren Nektar ein und bestäuben sie. Es ist die Zeit der Fortpflanzung im Tierreich. Manche Vögel legen Tausende von Kilometern zurück, um ihren Partner zu finden. Im März machen sich die Weibchen der Spermwale auf den langen Weg von den arktischen Meeren bis nach Sri Lanka, um auf die Männchen ihrer Art zu treffen. Seehundweibchen wiederum zieht es in dieser Jahreszeit von Grönland an die Küsten Kanadas, um dort an Land ihre Jungen zur Welt zu bringen, die dann leider allzu häufig als Beute von Felljägern enden.

25

In der Nacht vor dem 1. Mai feierten die Kelten in früheren Zeiten die Rückkehr des Sommers mit Freudenfeuern. In Skandinavien und Deutschland begeht man an diesem Datum noch heute die Walpurgisnacht. Sie wurde nach der Heiligen Walpurga benannt, einer Benediktinerin, die im 8. Jahrhundert das Christentum in Deutschland mit verbreitete. Sie ließ Fackeln entzünden, um die Luft zu reinigen und böse Geister fern zu halten. Lange Zeit wurden in dieser Nacht nach altem Brauch drei

Kreuze sowie Kräuterbüschel an den Hoftüren befestigt. Damit glaubte man Mensch und Vieh vor den Hexen zu schützen, die in der Walpurgisnacht auf Besen ausritten, um sich zum Teufelskult und -tanz auf dem Blocksberg, dem Brocken, zu treffen.

In Japan findet Anfang Mai, am 5. des Monats, das so genannte Knabenfest statt. Es ist chinesischen Ursprungs und trug zuerst den Namen Fest der Flaggen und der Karpfenbanner. Der Karpfen, der mit aller Kraft gegen die Strömung schwimmt, symbolisiert dabei Mut und Beharrlichkeit. Seit dem Zweiten Weltkrieg wird das Fest als Kindertag begangen und ist ein nationaler Feiertag in Japan. Die japanischen Jungen

tragen an diesem Tag Wettkämpfe aus (Abb. u. li. und S. 27 o. li.). In ganz Europa ist es in vielen Dörfern Brauch, zum 1. Mai auf dem Marktplatz einen mit Bändern und Blumen geschmückten Maibaum aufzustellen und um dieses Fruchtbarkeitssymbol herumzutanzen.

Ganz anderer Art sind die Feierlichkeiten, die vielerorts anlässlich des Tags der Arbeit am 1. Mai begangen werden. Hintergrund dieser Festivitäten ist der Aufstand amerikanischer Arbeiter in Chicago im Jahr 1866, die damals für den Achtstundentag kämpften. 1888 beschloss die »American Federation of Labor« dann, diesen Tag als sozialen Feiertag zu begehen. Bis ins Jahr 1918 galt die

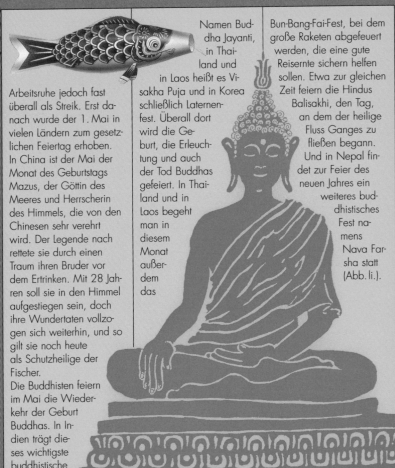

Arbeitsruhe jedoch fast überall als Streik. Erst danach wurde der 1. Mai in vielen Ländern zum gesetzlichen Feiertag erhoben. In China ist der Mai der Monat des Geburtstags Mazus, der Göttin des Meeres und Herrscherin des Himmels, die von den Chinesen sehr verehrt wird. Der Legende nach rettete sie durch einen Traum ihren Bruder vor dem Ertrinken. Mit 28 Jahren soll sie in den Himmel aufgestiegen sein, doch ihre Wundertaten vollzogen sich weiterhin, und so gilt sie noch heute als Schutzheilige der Fischer.

Die Buddhisten feiern im Mai die Wiederkehr der Geburt Buddhas. In Indien trägt dieses wichtigste buddhistische Fest den Namen Buddha Jayanti, in Thailand und in Laos heißt es Visakha Puja und in Korea schließlich Laternenfest. Überall dort wird die Geburt, die Erleuchtung und auch der Tod Buddhas gefeiert. In Thailand und in Laos begeht man in diesem Monat außerdem das Bun-Bang-Fai-Fest, bei dem große Raketen abgefeuert werden, die eine gute Reisernte sichern helfen sollen. Etwa zur gleichen Zeit feiern die Hindus Balisakhi, den Tag, an dem der heilige Fluss Ganges zu fließen begann. Und in Nepal findet zur Feier des neuen Jahres ein weiteres buddhistisches Fest namens Nava Farsha statt (Abb. li.).

❶ Rosen kürzen

❷ Herz ausschneiden

❸ Herz schmücken

Material:
Steckmoos (etwa 8 cm hoch, aus dem Blumenladen)
20–30 gerade aufgeblühte Rosen
Schleifenband

1. Rosenstiele kürzen
Alle Rosenstiele auf eine Länge von 6 cm,
beziehungsweise entsprechend der Höhe des
Steckmooses, kürzen.

2. Herzform ausschneiden
Auf dem Steckmoos eine Herzform aufzeichnen,
eventuell mit Hilfe einer vorher angefertigten
Papierschablone. Diese Form dann mit einem
scharfen Messer in senkrechten Stichen
ausschneiden. Anschließend reichlich wässern.

3. Rosen in die Herzform stecken
Die Rosen dicht nebeneinander in das Moos
stecken, zum Schluss die Schleife umbinden. Das
geschmückte Steckmoos auf eine mit Wasser
gefüllte Schale legen.

Um länger Freude an dem Rosenherz zu haben,
kann man es auch trocknen lassen.

Frühlingslied

Die Luft ist blau, das Tal ist grün,
Die kleinen Maienglocken blühn
Und Schlüsselblumen drunter;
Der Wiesengrund
Ist schon so bunt
Und malt sich täglich bunter.

Ludwig Hölty